你值得好好悲傷

We're all Suicide Bereavement

我們都是自殺者遺族

臨床心理學博士
韓國自殺者遺族哀悼諮詢專家
高璿圭——著

馮燕珠——譯

台灣版獨家作者序

各位好，雖然我從未去過台灣，但為了向你們介紹我自己以及我的書，一大早，我就坐在家附近的小咖啡館裡。窗外陽光灑落，不知不覺已是春天。

昨天我剛結束跟一位長期諮詢者的面談，他的孩子自己結束了生命。在失去孩子之後，他曾想把自己的人生過得像受到最殘酷的刑罰一樣，他也覺得自己必須那樣度過剩下的人生。昨天諮詢結束後，他問我諮詢室的花瓶裡插的是什麼花。

那是木瓜海棠花。

「花真美。我想買回去給我太太，她一定會很開心。」

我的腦海中突然浮現他之前的模樣，很難想像現在的他會這麼說。現在的他，小心翼翼地允許自己擁抱春花的美，同時也想分享這份美。

我有幸可以向那些認為自己的人生中，不會再有幸福或任何意義的自殺者遺族，傳達信心與希望。雖然現在的你可能不敢想，但那樣的日子一定會到來，因為我確實遇見了許多重拾希望的人，只要不逃避，去面對失落，並允許自己擁有充分的時間，觀察故人離去後所帶來的什麼。而我的任務就是在自殺者遺族身邊，幫助他們鼓起勇氣，展開哀悼的旅程。

這本書的主題，或許並不會讓人產生愉快的好奇心一手拾起，但台灣或許也像韓國一樣，有人經歷了某人的自殺，產生了不想讓人碰觸的傷痕，那麼這本書的存在就有了意義。我也更應該說出來，因為太多人自殺，受到影響的人更是無法估計。

本書在韓國出版後，我在二〇二一年成立了自殺者遺族支援團體「Marigold」，與兩名自殺者遺族一起進行許多心理支援活動。我想用響亮的聲音，堅毅地說：自殺者遺族擁有悲傷的權利。我們努力地將獨自孤單的人連接起來，互相成為彼此的希望。

這本書的內容，最初源自韓國出版社舉辦的精神健康系列演講。我們把有關自殺者遺族的演講內容整理成文字，可能沒辦法很完整、很具體地描寫所有自殺者遺族的經驗和哀悼過程，但這本書還是可以告訴各位，原來在我們身邊，有許多無法盡情悲傷的自殺者遺族，而我們又可以如何安慰他們。

如果自殺者遺族能感受到「悲傷也沒關係」，並願意開始說出自己的故事，那麼我寫下這本書就有了意義，我也衷心期盼台灣的朋友能感受到這一點。

最後，希望當台灣的自殺者遺族感受到悲傷時，我的書能成為踏實的一塊基石。願您渡過悲嘆之河，邁向幸福。

推薦序

悲傷是無處可去的愛

姊姊自殺的二十九年後，看著她的照片，我在鍵盤中敲下：

「妳不懂，當時的我也不懂，自殺之後原來這麼難走下去。我只知道天都塌了，要說靈魂四分五裂也不為過。日子一天一天地熬，好不容易好一點點，卻又來來回回，站起來又跌倒。曾經，我總在喝下第一杯咖啡前，就想起妳……」

「沒事了！就是想妳。」

對這句「沒事了」，感受很強、很深。我想，這是和解的意思吧！我牽起女兒的手說，沒關係，我們走……抬頭，雲淡風輕。這條路我走了近三十年！

為什麼這麼難？為什麼這麼苦？為什麼悲傷這麼複雜？關鍵當然是「自殺」。但是但是，對自殺者遺族來說，「自殺」的本身可能已經不是問題，如何面對自殺才是問題。我們只是悲傷的人，因為所愛死亡而哀慟逾恆的人。

我曾聽到一位醫師與遺族討論著「人有沒有自殺的權利」，一來一往，針鋒相對，各有立場，互不退讓。稍晚，我對那位醫師說：「她不是要討論哲學上的人可不可以自殺，她只是在苦苦哀求你接納她痛苦死去的孩子。」是啊！我的孩子只有我能罵，我對他的自殺也很生氣，但只有我能罵，你，不可以。即使他傷害了我，那也是我的事情。就是這麼簡單，因為我們仍愛著逝者。誰在乎人可不可以自殺！實際上我們所愛的人就是已經自殺死了。唯一能夠幫助遺族的是「你能在現場」並且是不帶批評的存在！不批評逝者，不論斷遺族。

幾乎所有的悲傷專家都會同意自殺後的悲傷是最困難面對的，許多人在悲傷調適期間曾經出現過自殺的念頭，也可能需要專業協助。我訪談的遺族中，每一位都曾經歷失學、失業或失婚的困境，足見遺族幾乎癱瘓人生的痛苦情緒。我不是在求助，我是在疾呼，這是常態，是必然出現的存在，沒有好或是不好。悲傷本身不是問題，不被容許好好悲傷才是問題。

擔任遺族悲傷專業顧問超過三十年John R. Jordan曾在研討會上說：「治療師最常犯的錯就是想修正，但我們該做的是提供字彙幫助表達，了解、尊重，所有的感受都是可以被接納的。」他進一步舉例，「如果自殺者的母親歇斯底里，先生卻認為太太需要平靜，那麼該吃藥的是先生。」

自殺者遺族需要的是被接納，被容許表達，對於沒有答案的「為什麼」可以保有安心的自在，自己要不要探究都沒有關係。正確地理解自殺：有些自殺真的很難預防，很多時候大家都盡力了。試著同理逝者曾經很痛苦堅持著，但是他寧願一死，這是他的選擇，我們難以理解也試著尊重。我們選擇繼續活下去，用自己喜歡的方式追憶、祝福斯人。

我們可以在思念逝者時悲傷二年、五年、十年、一輩子，都很正常，沒有人能規定我們多久要走出來，實際上也沒有走出來這個迷思。走出來，要怎麼走？走去哪？其實我們的悲傷是正常的，當我們貼近自己的心時，別用框架、邏輯還有社會價值觀來壓抑自己。當喜則喜，當悲則悲。

很高興又有更多的人投入自殺者遺族關懷的工作，特別在台灣自殺者親友遺族關懷協會即將成立之際，有《你值得好好悲傷：我們都是自殺者遺族》一書出版。但願有許多遺族在閱讀中找到屬於自己的療癒之路。

最後，請永遠記得，悲傷是無處可去的愛。

台灣失落關懷與諮商協會理事
台灣自殺者親友遺族關懷協會發起人
呂芯秦

目錄

給諮詢者的一封信

與他的痕跡同行（注）

二〇一八年十月，一名少年自行結束了生命。少年的姊姊比他大不了幾歲，卻要代替失魂落魄的父母負責處理喪事。她翻閱相冊，挑選合適的相片當作遺照；她忙著訂購餐點，好招待前來弔唁的親友，並支付所有喪葬費用。

喪禮上，來參加告別式的親戚與其他親友大聊特聊，擅自斷定弟弟死因：

「他一定是因為〇〇〇而死的。」

姊姊終於忍不住怒吼：「你根本什麼都不知道！」

她到那時，都還不知道弟弟到底為什麼要尋短，也不忍心去問傷心欲絕的父母。

對於死亡，人們總希望聽到他們能接受的解釋，但在這裡，沒有任何人知道到底是怎麼一回事。

弟弟被安置在家族納骨堂的最下層。按照長幼順序，弟弟去

注　本文最初發表於韓國心理學網誌《我的人生心理學思想》，內容整理自作者與諮詢者的實際對談內容。

到那裡的年紀實在太早了。在入殮儀式上，她第一次見到屍體。大體很乾淨，弟弟的表情看起來也很安祥，但她仍覺得有點害怕。

禮儀師詢問，最後有沒有什麼話想跟弟弟說。她應該說什麼好呢？只能蓋上棺蓋，任由閃閃發光的豪華轎車載著弟弟抵達首爾追悼公園。她現在才知道，原來離家不遠處還有這樣一個地方，無數死亡的肉體在此地化為灰燼。

弟弟的棺木被送入火化爐的那一刻，媽媽再度昏厥，於是仍由姊姊打點一切。在家屬休息室裡，電子螢幕即時顯示著弟弟身體消失的進度。

「姓名：○○○／火化爐○號／進度○○％」

大約過了兩個小時後，電子螢幕上出現「已完成」字樣。在服務人員的指引下，她進入撿骨室。工作人員向她展示幾塊骨頭碎片；那些骨頭碎片被粉碎，裝進了骨灰罈裡。

「那個骨灰罈很溫暖。」諮詢者說。

二〇一八年十二月，那位姊姊罩著一件比自己大很多的黑色長版羽絨衣，來到我的諮詢室。她說她看了弟弟生前與別人往來的聊天訊息以及電子郵件，一直看到深夜，因為她想知道弟弟為什麼要死，她必須弄清楚。

「我必須搞懂弟弟為什麼死。」

於是我們一起度過她弟弟走後的第一年。從弟弟的死出發，她跟我聊了很多關於弟弟的事。想著人生已落幕的弟弟，我們一同回顧有他的時光，並一起共度悲傷的時刻。

她的媽媽每天都問她，為什麼自己還要活下去？有段時間，身為女兒的她必須陪在媽媽的身邊，媽媽才能入睡；爸爸則是不再開口了。弟弟雖然死了，卻依然活在全家人的日常生活中。我的諮詢者有時會搞不清楚誰死了，而誰還活著。我們兩人就從弟弟的死開始聊起，回顧他的人生。

一年過後，她說她這才開始動手整理弟弟的房間，那裡從弟弟離去那天就原封不動保留下來。她感覺就像讓弟弟從受盡折磨的病痛中解放出來一樣。雖然媽媽還是會問她：「為什麼我還要活下去？」但她心裡深知，自己沒辦法代替母親承擔痛苦。就這樣過了一年，又到了十月，來到同樣的季節，她又開始感到痛苦。

「我以為自己已經沒事了，結果還是會覺得喘不過氣來啊，醫生。」

弟弟的忌日那天，我們相約在首爾追悼公園一同悼念。諮詢者曾在那個時間、那個地點留下可怕、怪異、恐怖的記憶。回想起在那裡發生的種種，那天的過程彷彿又按照順序重演了一遍。

她告訴我，弟弟有天來到她的夢裡，說自己現在過得很好，對她只有無盡的感謝。講到這裡，諮詢者淚如雨下。

從她弟弟過世之後，我們就像這樣一起度過了第一年。或許到了明年十月，她又會開始惶惶不安，但我希望她不會再那麼痛苦了。也希望那位雖然未曾謀面，但提起過很多次名字的你，在那個地方能永遠安息。

談談自殺者遺族

有天我接到一個演講邀請，要我講講「自殺者遺族」。一方面我感到很欣慰，人們終於開始關心起「自殺者遺族」這樣的存在；另一方面卻也深感遺憾，我們不得不去正視、關心這個議題。同時間，我還擔心不知道要怎麼向大眾說明，其實在面對這種事情的時候，遺族各自會有不同的感受。

我向一個朋友提起，說我的演講題目是「我們都是自殺者遺族」。聽了之後，朋友表情沉重地說：「要不要改成『我們都是遺族』就好了？原本的題目太沉重了，會讓人不想去聽演講。」

朋友這樣的反應，反而讓我複雜的心情更加沉重。

相信很多人都知道，在韓國其中一種常見的死亡方式就是自殺。在經濟合作暨發展組織（OECD）會員國（注）中，就算不拿出統計資料來對照韓國的自殺率在當中排名第幾，也很容易猜到，韓國的自殺率遠高於其他國家。悲哀的是，現在的韓國人對

注 編按：現有三十八個成員國，主要為歐美、紐澳、日韓及部分南美國家。台灣則以觀察員身分參與。

這個事實似乎也不覺得驚訝了。

以前我曾和一名保健福祉部（注）的公務員一起工作過。他曾說，如果某家幼稚園發生了死亡相關案件，馬上就會有很多相關部門的電話瘋狂打進來，討論要怎麼管理、監督，有沒有對策等等，各種抗議和關注持續不斷；但面對平均每天都有幾十人自殺的情況，卻沒有一個單位曾來電要求制定對策。

光看數字，我們可以知道以自殺了斷生命的人真的很多，但是少有人可以說明這些人為什麼選擇輕生。面對身邊的親友自殺，遺族們會感到怨恨，但卻是恨自己沒能阻止憾事發生，而不是大聲疾呼政府單位應該伸出援手。

一般人或許會覺得自殺是很個人的問題，其實不然。開車時，有時會看到「死亡事故好發路段」的警告牌；看到那樣的標誌，駕駛都會本能抓緊方向盤並提醒自己小心。以韓國的自殺率來說，整個大韓民國無疑都是「自殺死亡事故好發地區」吧？但警告牌應該立在哪裡呢？難道自殺就只是個人問題，只能自己處理並承擔嗎？我認為，我們可以從自殺者遺族的故事中找到答案，但那些自殺者遺族在哪裡呢？

注 譯注：相當於台灣的衛生福利部（衛福部）。

面對突如其來的失去

我目前的工作是「哀悼諮詢」，即使在韓國大家對這個領域也比較陌生。在各種心理學的諮詢領域中，可能有人會好奇為什麼我偏偏專攻哀悼諮詢，而且還是為自殺者遺族，也就是為經歷親友自殺的人提供諮詢。甚至可能有人會想，我是不是基於什麼個人因素，而對這個領域特別關心？就像美國心理學家托馬斯・喬伊納（Thomas Joiner）在父親自殺身亡後，建立了「自殺風險模式」，並獻身於相關研究；或像美國社會學家威廉・費格曼（William Feigelman）經歷過失去孩子的痛苦後，與妻子一起成立了互助會，並致力於對自殺者遺族的各種研究。

但其實，我並沒有像那些人一樣決定投身這個領域的關鍵經驗。我和大部分韓國人一樣，偶爾會聽到不是很熟的人，或是數十年來都不怎麼在意的遠房親戚自殺的消息。像我這樣一介普通的心理學家，會涉足這個領域可說是「因工作而相遇」。

二〇一四年，韓國首度引進「心理剖析諮詢」便是由我負責，我也因而首次見到了自殺者遺族。這並非我原本的研究領域，所以一開始很猶豫要不要接下這項任務。

還記得當時來請我主導的公家機關人員說：「這個領域目前國內真的沒有人做過，如果您來做的話，一定會成為專家。」

我心裡很希望能闖出一番成就，同時也認為心理剖析諮詢是非常值得心理學家挑戰和開拓的新領域，或許多少還參雜了一些衝動，總之我就這樣投身其中。

應該有很多人是第一次聽到「心理剖析諮詢」。以自殺死亡者為對象進行心理剖析（psychological autopsy），就是盡可能詳細地探索故人在死亡前一段時間內，所表現出的各種心理及行動變化，以及了解他們死亡前經歷的各種生活事件。因此，我們會與最了解故人生前樣貌的人面談，或是觀察故人生前留下的各種紀錄（注），例如醫療紀錄、電子郵件、網路社群活動內容、喜歡讀的書或電影等，從各方面綜合推測自殺的原因。

在心理剖析諮詢中，我會特別強調這些都是「推測」，因為無論收集了多少資料，進行再深入的分析，然而最終導致自殺的真正原因除了當事人之外沒有人能知道。儘管如此，我們這些生

注 健康保險紀錄、醫療紀錄、電子郵件、網路社群活動內容等是心理剖析諮詢的重要依據，但韓國根據個資保護法，實際上提審者能夠閱覽的資料有限。因此，目前進行的心理剖析諮詢大多還是依賴直系親屬的陳述，不包括對各種個人紀錄內容的深層調查。

者還是有可以做的事，就是去了解故人的死亡可能產生的各種影響，並規畫適當的預防對策，以免故人的死成為其他處於心理危機的親友選擇自殺的因素。

因此我深入鑽研心理剖析，分析自殺者的死亡原因，並以此為依據，制定國家層級的自殺預防政策。這個工作讓我認識許多自殺者遺族；透過他們的陳述，我也知道了已不存在於這世上的人生前的故事。當所愛的親人選擇悲劇性的結局，遺族將經歷漫長的痛苦；他們內心混亂，卻仍必須繼續自己的生活。

然而比起關懷遺族，心理剖析諮詢其實更著重於盡量準確掌握故人生前有限時間內的資訊，而這也一直讓我深感遺憾。我看著遺族們好不容易、艱難地說出關於故人的一切，遺族自己卻因為故人的離去，生活被迫完全改變，痛苦如影隨形卻無處傾訴。短短三個小時的面談，到底可以充分傳達什麼樣的人生呢？

在我參與設計心理剖析諮詢的程序時，是以讓研究者可以獲得想要、有用的資訊為前提，但在實際見到遺族後，比起研究者的立場，我心中那種對他人痛苦敏感反應的諮詢師、治療者的角色更被激發。遺族為什麼要參加心理剖析諮詢呢？如果我是遺族的話，會參與嗎？如果不想參與，又是基於什麼樣的心情呢……

基於這些原因，在結束為期三年的心理剖析諮詢工作後，我開始正式進入自殺及自殺者遺族的領域，展開研究。我鑽研相關書籍和研究，認真尋找與死亡、失去、哀悼有關的小說、電影、電視劇、藝術作品，同時一邊回想在心理剖析諮詢中遇到遺族們的經過。事實上，失去、訣別、哀悼等主題，在精神健康領域並未成為專門研究或治療的目標，因為我們知道死亡是必然的，就以為離別的痛苦經過一段時間後就會恢復。

但我們必須知道，這世上存在著難以自然恢復的痛苦訣別，特別是自殺、災難、意外事故等無法預測的狀況；越是突然遭遇的死亡，越讓人無法接受。有些人的時間就會停留在訣別的那一瞬間，並且以那種狀態度過剩下的人生；即便回到自己所謂平凡的日常生活，也會因為不時想起驟逝的人而感到痛苦。

總以為只是別人的事

根據二〇一八年韓國中央心理剖析中心諮詢結果報告書指出，參與諮詢的自殺者遺族中，有百分之七十一．九對於自己的親友自行結束生命一事感到難以啟齒。與其他死亡不同，為什麼唯獨自殺無法向周圍的人傾訴呢？社會對於自殺、自殺者、自殺者遺族是怎麼想的？正在閱讀的你又是怎麼想的呢？

有名妻子因丈夫自殺身亡，來找我進行哀悼諮詢。剛開始我必須詳細詢問她丈夫去世的狀況，因此無可避免地會使用「自殺」或「自我了斷」這樣的表達方式。但每當我這樣表達，她都會說：「醫師，可以不要用那種字眼嗎？每次聽到那種說法，我的心就噗通噗通跳得好快，那種話聽起來實在太刺耳了。」

自殺雖然是大家心知肚明「常見」的死亡方式，遺憾的是我們卻一直害怕把「自殺」一詞說出口，害怕說出自己因為自殺而失去了某人。

對於來到諮詢室的人，我通常都會詢問：「發生這件事之前，您對自殺、自殺者有什麼想法？」大部分的人都說沒有認真想過，總覺得是別人家的事，覺得那些會自殺的人「應該有充分的理由尋死」；以為他們應該有明確的理由，例如憂鬱症、家庭不和、負債等。但當他們自己遇到這等憾事，除了單純假設的理由以外，許多過去未曾想過的理由也會一一浮現。

曾有學者分析了過去五十年間共三百六十五項自殺相關研究。當中預測了三千四百二十八個自殺危險因素，可分析結果顯示，沒有任何一個因素比「偶然」更具預測效力（注）。因為自殺的理由因人而異，幾乎不可能準確預測誰會在什麼情況下自殺。

我想起很久以前，曾到地方的精神健康中心召開研討會。一名參與者發表了他的研究：跟沒有自殺訣別經驗的人相比，自殺者遺族們的自殺風險更高。聽到這個論點，聽眾席上一名遺族忍不住抗議：「你知道你們隨隨便便說出的話，讓我們有多痛苦嗎？不要老是把我們當成潛在自殺者。我們也想努力過生活，但總要聽到別人這樣說，實在太生氣了！」不過，當時發表者只回應：就算您這麼說，研究結果也未必會改變。」

當時的我也只覺得那名遺族對研究結果太敏感了，並沒有充

注 J. C. Franklin, J. D Ribeiro, K. R. Fox, K. H. Bentley, E. M. Kleiman, X. Huang, K.M. Musacchio, A. C. Jaroszewski, B. P. Chang & M. K. Nock, "Risk factors for suicidal thoughts and behaviors; A meta-analysis of 50 year of research," *Psychological Bulletin*, 143(2), 2017, P.187~232.

分去理解為什麼那句話聽在遺族耳中，會帶來那麼大的傷害。

一名青少年因為哥哥自殺身亡，被安排要去上自殺預防輔導課程。在課堂上，他吐露出極度不安的心情，在我面前哭得很傷心。

「大家都說自殺的人會發出警告信號；他們有發出信號求救，只是我們不知道。會說那種話的人應該根本沒有類似經驗吧，真的沒有信號，什麼都沒有！」

雖然藉由許多研究，我們建立了自殺警告信號表，但我想終究還是無法包含所有的自殺。

每位遺族都有不同的經歷，我們無法斷言：「自殺者遺族被迫接受了這樣特殊的死別經驗，所以周圍的人可以提供〇〇〇幫助。」這種說法完全不適用於任何遺族，反而會對他們造成傷害，進而讓他們對人產生疏離感。所以我們必須謹慎。

透過以上的舉例，我們可以發現費盡心思舉辦研討會、找來自殺者遺族參與，或安排青少年上自殺預防輔導課程等，這些行動立意雖好，但如果他們在這些場合得不到理解，日後在他們真正需要幫助時，就有可能不會求援，這點也令人擔憂。

在正式進入本書主題之前，必須先跟各位說明，以下我講的內容，都是以過去我所見過的遺族、他們的故事及相關研究等為基礎，經驗仍然有限，不可能包含所有狀況；也有可能還不足以安慰某些人的訣別經驗，但這並不表示各位的經驗和感情是錯誤或不正常的。我希望各位能知道，每個人感受到的訣別之痛和道別時的心情，都應該受到尊重。

別人如何擺脫這種痛苦

雖然要聊自殺議題，很多地方都須小心翼翼，但我還是想好好談論這個主題。而讓我想這麼做的關鍵，是一位來找我的遺族說的話：

「經歷那件事以後，我一直想知道其他有類似經驗的人是怎麼度過這段時間的，因為我不知道自己這樣是不是正常的？會不會恢復？我想知道其他人到底是怎麼走過來的。」

有生之年第一次經歷這種突如其來的死別，遺族情緒崩潰，必然期待這一切能有個解釋，所以我會和他們分享其他人的經驗，告訴他們如何走過哀悼之路。

無預警的死別就像把人扔進伸手不見五指的黑洞中，而曾經歷同樣痛苦的某人走過的路，對遺族來說就像一線希望之光。於是我就這樣成為了信使，把我接觸過的人們的經驗相互傳承下去。

這種情感、經驗的共享，是精神健康專家在學理上無法實現的。這是只有相同經歷的人才能拋出的救生圈，而我想把接到的救生圈，再拋給更多自殺者遺族。驟失親友之後，遺族們經歷了什麼？又是如何克服失去的痛苦？我想將這個過程，連同我跟他們一起感受到的情感全部分享出去。同時，也希望我們能一起思考，這個社會可以給予自殺者遺族什麼樣的安慰。

不過我想傳達的，不是人們為什麼自殺，或者去剖析自殺者的心理狀態。就像前面提到的，我想談的是那些被留下來的人，他們的日常完全被打亂，就像被推到懸崖邊一般，必須被迫過著跟以往完全不同的生活。

韓國KBS電視台曾有個節目叫《街頭晚餐》，目前已經停播。我曾與沈明彬女士一起上二〇一九年二月播出的單元〈即使記住也沒關係」。沈明彬女士集合了有同樣遭遇的遺族，組成聚會；她本身也是自殺者遺族。

在電視節目中，自殺者遺族親自吐露了「那天之後的經歷」。這種情況並不常見，節目播出後也獲得很大的迴響，聽說後來還獲頒電視節目獎。雖然不是收視率很高的節目，但仍有人看了節目之後跑來找我。

「我跟節目的來賓有類似的境遇，看到這個節目，讓我覺得好像終於有人聽到了我的心聲。」

沈明彬女士在節目中分享，她最常遇到的狀況，就是無論在什麼場合，只要她自己先說出丈夫是如何離世、後來自己的生活出現什麼變化，事後總會有幾個人悄悄來找她說：「其實我也跟妳一樣痛失親人，是自殺者遺族。」

聽到同樣經歷的人的告白，這些人獲得了安慰和勇氣。看到這樣的反應，我更覺得應該積極地傾聽自殺者遺族的心聲。

我們不知道在失去之後，留下來的人經歷了什麼，只能猜想他們應該度過了很艱熬的歲月，但無法準確地知道在故人離世一週後、一個月後、六個月後、一年後、數年後，遺族心靈的變化。世人總期待到了某個時間點，他們或許就可以把一切適當地埋在心底，勉強維持正常的生活。因為面對自己身邊的人沉浸在痛苦和無力之中，我們的忍受度其實非常低，很容易就會對他們說：「適可而止吧，現在這樣就已經很好了。」

就算是真心誠意想給予安慰，人們也不太知道該在什麼時候、用什麼樣的話語、態度來表達自己的意思，所以常常猶豫不決，遲遲不敢行動。問題是自殺者遺族其實也不知道自己需要什麼幫助，又需要怎樣的安慰。畢竟第一次遇到身邊的人自我了斷，又有多少人能全盤理解狀況，並準確地表達出自己需要的幫助與安慰呢？

曾聽過一位遺族說，有時候會希望周圍的人能知道他的狀況並安慰他，但有時，又希望別人乾脆假裝不知道。面對周圍的關心和安慰，也有很多自殺者遺族反而會築起高牆，把自己孤立起來。

「如果大家都不知道他是『自殺』的就好了。」

「如果可以的話，希望別人永遠都以為他是猝死或意外身亡就好了。」

自殺者遺族的範圍

那麼，所謂「自殺者遺族」的範圍到底在哪裡呢？我們可以藉由次頁的圖表，了解一起自殺事件發生後，由近到遠對不同人的影響。就像往平靜的湖面扔石頭泛起的漣漪，影響由內往外擴散。我們可以知道，一名自殺者對周圍和整個社會的影響，其實比我們想像的要大得多（注1）。

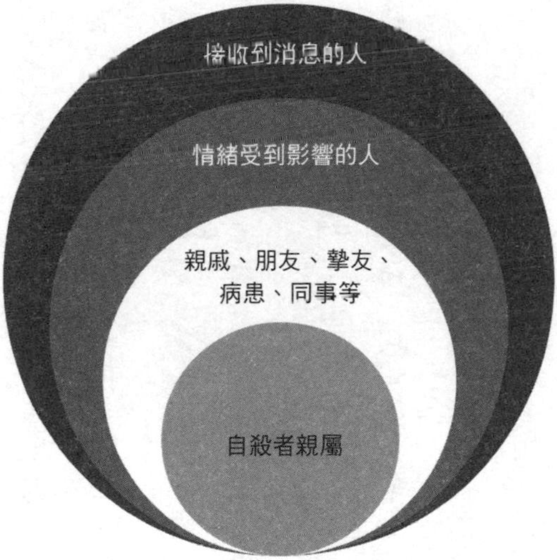
接收到消息的人
情緒受到影響的人
親戚、朋友、摯友、
病患、同事等
自殺者親屬

自殺者遺族的範圍

世界衛生組織（WHO）曾發表過一份研究報告，一名自殺身亡的人，至少會對五到十人造成嚴重影響（注2）。在圖表中最內圈的人，大部分都是兄弟姊妹、父母、配偶、子女等與故人關係密切的人，他們感受到的痛苦最為嚴重，如果沒有專業幫助將很難擺脫。因死別帶來的失落感，將對這些關係密切的人造成很大的變化，且影響擴及個人生活的各個領域。韓國現在很重視這個問題，並從國家層面給予支援，只不過大部分的人並不知道這些資訊。韓國對自殺死亡者的配偶及二等親以內直系親屬，在一年內提供一百萬韓元（約新台幣兩萬五千元）的精神健康醫學門診及住院治療費補助（注3）。

雖然帶來最大痛苦、最深傷痕的通常是家人，但與我們擁有緊密連結的不僅只有家人，像是很要好的朋友、親戚、同事們也會感受到驟然失去的痛苦。這個範圍的人在故人離世後一段時間，基本可以逐漸適應失去，回歸自己的生活。當然，如果朋友或同事的關係比家人更緊密，就要花更長的時間才能回歸自己的生活，同時也需要專業的幫助。

注 1 "Responding to Grief, Trauma, and Distress After a Suicide: u. s. National Guidelines," 2015.

注 2 *Preventing Suicide How to Start Survivors' Group*, WHO 2008, P.1~P.30.

注 3 韓國保健福祉部中央心理剖析中心設有自殺者遺族專屬的空間「溫暖的告別」。

我曾遇過企業中有一名員工自殺身亡，公司為同部門的同事安排哀悼諮詢。在這些人當中，有的人曾碰過家人自殺，所以比其他人更快熬過這個階段；有的人原本就容易憂鬱，結果同事的離去使他進一步惡化；也有人雖然心痛，但勉強還能調適。就像這樣，即使是同部門的同事，也會根據每個人不同的經歷、狀況，而對自殺這件事有不同的反應。對有些人來說，這可能是難以自拔的巨大衝擊和痛苦，但對另一些人來說，這件事也許很痛苦，但很快就能恢復。而我們無法斷言哪種反應才是對、才是自然的。

接下來是因自殺事件而情緒受到影響的人，具體來說這個範圍內的人就是會暴露在事件中的人，例如來到案發現場的警察、消防員，率先發現的目擊者等等。如果死者是公眾人物或名人，即使跟死者沒有直接認識，多少也會受到影響。尤其現在的新聞媒體總喜歡寫太過煽情的報導，自媒體更是發達，再透過社群網路傳播，只要有台手機都可以對故人結束生命的理由發表意見。所以你我，以及社會上的絕大多數人，其實都包含在自殺者遺族的範圍內。由此看來，就像本書的名稱一般，我們都是自殺者遺族。

在韓國，國家級的自殺預防政策中，政府援助的對象是「自殺者遺族」，以故人身邊五到十名親人為基準。現在我們知道這個範圍太狹小了。實際上，不管與故人是否有直接、間接關係，甚至原本沒有關係的人都會受到影響，人數比我們想像得多太多，因此我們也需要為他們提供輔導、心理支援及專業介入。

當一個人自殺，如果將遺族的標準限縮在直系親屬，可能只有五、六名；如果擴大到親戚，其範圍和人數就會增加；如果再延伸到朋友關係，數目會更多；再擴大到情緒受影響或暴露其中的人，更會呈倍數成長。

希望大家明白，比起自殺者親友、自殺者家屬，我更常使用「自殺者遺族」一詞。可能有人會覺得：

「我又不是他的家人，感到那麼痛苦是對的嗎？」

「我明明不認識那個人，為什麼會這麼在意他的死呢？」

我想告訴大家，即使不是家人，我們對某些人的自殺也會感到痛苦、會放在心上好一段時間，因此，我們都需要透過各自的方式哀悼。

名人的自殺

新聞媒體大規模報導名人自殺死亡的消息，其波及的範圍難以估量。而如果是知名度高的偶像或藝人輕生，影響力更是不容小覷。他們跟普通人不同，公開的活動很多，曝光率高，所以即使不是他的粉絲，也會從媒體報導中知道這個人生前的樣貌，也就難免一起陷入他生前痛苦的心理狀態。當然，經過一定時間後，隨著新聞淡化，大部分的人也會減少去尋找故人過去紀錄或活動的頻率，通常不會有太大的障礙，可以逐漸回到日常生活；但也有人會痛苦到自己也產生輕生的想法。在這個過程中，他們受到的影響是我們難以想像的。

來參加自殺者遺族聚會或前來接受個人諮詢的人當中，很多人都坦言在故人去世後，自己曾像「偵探」一樣，反覆尋找故人留下的痕跡，看看他在網路上最後一次瀏覽了什麼內容，查看搜尋紀錄、電子郵件內容、加入了什麼社群等。如此熬夜反覆查看，不斷尋找他們曾錯過的任何痕跡，就是想找出一點點可能成為他了斷生命的理由。

在經歷不明原因的死別後，遺族很自然就會出現這樣的哀悼過程。在這個過程中，很多遺族會發現，故人死前曾找過一些名人自殺死亡的報導，並查看報導下方的各種留言。要自我了斷其實是一件非常可怕和痛苦的事，可能是為了戰勝這種恐懼，又或者是因為其他我們不知道的原因，自殺者會去關注別人的死亡。

一個人如果覺得「要想結束人生的痛苦，這是我唯一的選擇」，就會陷入「隧道視野」（tunnel vision）中，只選擇接收所有可以證明那是唯一選擇的資訊。由此可知，對於處於這種狀態的人來說，那些名人自殺死亡的報導、資訊、傳聞，將為他們帶來什麼樣的影響。

根據韓國自殺預防中心，與急診室中實際處理危機的醫師的分享，當有知名人士自殺事件發生，諮詢電話就會爆增，試圖自殺而被送到急診室的患者也會增加。韓國的自殺率曾一度逐漸下降，但根據保健福祉部的觀察，在二〇一九年又開始上升。進一步探究原因，發現在有全國知名度的名人自殺消息傳出後的幾個月，自殺率有隨之增加的趨勢。

因此，中央自殺預防中心發表了「自殺相關報導基準」，並要求媒體遵守。可能因為這樣，與過去相比，媒體在處理自殺身亡的態度上發生了很大的變化。但現在除了新聞媒體外，人們接觸死亡消息或討論的途徑非常多樣。除非完全切斷網路，否則很難限制人們接觸相關訊息。但媒體仍須注意，盡量減少公眾人物或名人悲劇性死亡的報導，同時也希望廣受大眾喜愛的公眾人物與名人，能夠時刻銘記自己的言行可能會透過各種途徑，對意想不到的人產生巨大的影響。

知名人士如果不幸發生自殺的憾事，常會舉行公開的追悼會，但這也容易過分美化自殺一事，或將故人視為英雄。在現實生活中，一個人一定有功有過，但在他離世後，人的錯處往往會被覆蓋或消失。而另一方面，人們容易站在自己的立場，誇大或貶低故人生前的某些部分，或去剖析輕生離世的名人的過去，並展示在大眾面前。這個過程對自殺者遺族或私下有深厚關係的人來說，都會造成極大的痛苦。

名人自殺之後，總是不乏來自各方的捕風捉影，對故人的死發表各種意見。看到那些說法，我總會擔心：「這樣下去，如果有人也跟著做出極端選擇，該怎麼辦？」所以我們絕不要因為自己某些主觀的想法，就擅自去斷定別人自殺的原因。

那麼，如果我們對知名人物的自殺感受到極大的失落，可以做些什麼呢？死亡固然令人惋惜，會感到悲傷是很自然的事，但我們不應該過分執著於故人最後終結生命的行為。我們可以記住自己曾喜歡過、愛過、想學習效仿的那一面，並帶入生活中。

我們所知道的那些名人的形象，也都是透過媒體和輿論製造出來的。所以切記不要非要在留下的人當中獵巫，認定某人就是加害者，或一定要定某人的罪，或找一個代罪羔羊。獵巫、定罪、傷害他人並不是健康的哀悼方式。如果對平時不感興趣的名人自殺也很難釋懷，那麼就必須審視一下自己的心態，找出在死亡這件事中，到底是哪個層面讓我如此痛苦。

自殺相關報導基準3.0：五大原則（注）

1. 報導的標題應避免直接使用「自殺」或類似的強列字眼，可以用「過世」、「殞命」等方式表現。
2. 不應詳細報導具體自殺的方法、工具、場所、動機等。
3. 與當事人死亡有關的照片或影片可能導致讀者模仿自殺，使用時必須格外留意。
4. 不要美化或合理化自殺，應告知自殺可能會產生的負面影響，以及提供預防自殺的方法。
5. 報導自殺事件時，必須尊重死者的人格及其家屬的隱私。

※在報導名人自殺新聞時更應嚴格遵守以上基準。

注 資料來源：「韓國記者協會」網頁。

被隱蔽的死亡

多數自殺者遺族對於故人自行結束生命、做出極端選擇的事實，通常都不願意說出口。如果可以隱藏，多數人希望永遠都不要被別人知道。

還記得以前來諮詢的遺族說過：「為什麼要在外面上吊自殺？搞得左鄰右舍人盡皆知，真是太過分了。」

也有人說：「要是他是出車

禍意外離開的就好了，那樣我就可以實話實說了，只要說出來就可以得到安慰，不是嗎？」

作為自殺者的子女、配偶、家人，他們的生活到底被燙上了什麼樣的烙印，才讓他們這麼迫切地想掩蓋故人的死亡方式呢？為什麼在接受了故人自殺的事實後，卻又一副彷彿什麼事都沒發生的樣子？還是他們當作故人沒有死，只是去了別的地方生活？

有人還會對目擊家人死亡的小孩說：「你看到的不是真的。」站在孩子的立場，明明就看到了，大人卻說不是真的，說那個家人還活在某個地方，孩子應該會感到很混亂吧。這些孩子會開始不自覺地在遊戲中反覆表達出自己目擊的狀況，擔心的大人只好把孩子帶到專家面前。專家建議大人：「等孩子更大一點，準備好了再告訴他吧。」

可是等孩子再大一點，究竟是什麼時候呢？過了青春期？成年了？到了可以知道的年紀？假設真的到了大人認為合適的時候，說不定又會出現其他不合適的理由。

許多人會覺得，選擇輕生的人存在某種嚴重的缺陷，而且認為沒有改正缺陷或解決問題就選擇以死作結的人，應該對死亡承擔一定的責任。

我們通常很容易認為某人走上自殺一途，必然有一兩個確切的理由，但大部分的遺族卻不知道那一兩個理由到底是什麼。感覺是因為「這個」原因，還是該不會是因為「那個」理由？自殺者遺族就像被困在糾纏而無解的線團中，身心俱疲，因此他們最後乾脆選擇什麼都不說，或者隨便編出一個理由，因為比起尋找、解釋故人自殺的真正理由，這樣簡單多了。

當發生自殺事件時，大部分的人會把責任推到家人或親近的人身上，認為他們沒能阻止憾事發生，便對他們投以不友善的目光。一些跟故人沒什麼關係的人，可能還會輕易對自殺做出一些結論；但對跟故人有一定程度關係的遺族來說，那些結論根本不一定是事實。

有位遺族曾跟我說：「我也不知道原因哪，那些人想聽到的東西，我根本不知道怎麼跟他們解釋。」

我希望自殺者遺族知道，他們沒有任何責任要去跟別人解釋故人的死亡。

告別式

在進入哀悼諮詢的工作之前，我對告別式其實沒有什麼特別的想法。然而在見過一些自殺者遺族之後，才明白告別式這種儀式對哀悼的重要意義。

雖說年記越小，失去親人的經歷就越少，不過在從事哀悼諮詢、與一些遺族接觸之前，我也沒有經歷過那麼大的喪失。一般人也不會知道殯儀館和火葬場是如何運作的，在那裡又會發生什麼事。但韓國人常說：「即使不去婚禮，也必須去參加喪禮。」為什麼喪禮或告別式這麼重要呢？

在告別式上，前來弔唁的賓客話題必然會圍繞著故人。

「怎麼走的？」

「一定很難過吧。」

會談起自己與故人的回憶。

「我和他曾經一起如何如何。」

「我認識的他就是這樣的人。」

告別式成為了大家共同哀悼故人的場所。從物理上來說，故人已不存在於我們之間，告別的目的是為了讓故人留在記憶中，也是讓我們繼續記住這種關係的第一階段。但在自殺者的告別式，這種哀悼故人的第一階段，對遺族們來說卻是崩潰的開始。

如果是面對年事已高的爺爺奶奶，或長期重病纏身的家人，周圍的人多少都會有點心理準備，甚至可以預先做一些安排；當離別的那一刻來臨，家庭成員在悲傷之餘還能鎮定地處理後事。但相比之下，大部分的自殺都發生得很突然；意想不到，瞬間就改變一切，誰都沒有時間提前做好準備。

哥哥自行了斷了生命，父母一時無法接受，雙雙昏厥，家裡只剩下妹妹要替父母出面處理所有事情。她要在靈堂接待前來弔唁的親戚，還要翻找哥哥的手機訊息，向哥哥的朋友們發訃告。接到訃告的朋友回覆：「不要亂開玩笑，妳先證明妳真的是他妹妹。」幾天前才剛做得美美的指甲彩繪，在黑色的喪服下閃閃發亮，她只能拚命摳，把指甲上鮮豔的色彩都摳掉。這時什麼都不知道的家族長輩突然出現，對她指手畫腳，叫她應該做這、應該做那。妹妹心裡只想著「我必須打起精神來」，所以隱忍著一滴眼淚都不敢掉，卻聽到有人竊竊私語，說她鐵石心腸。

當我們去告別式弔唁時，難免會向家屬詢問故人去世的經過。如果是生病去世的，會問病多久了？很嚴重嗎？並安慰家屬們。家屬則在反覆向弔唁者講述故人如何離去的過程中，逐漸接受已經發生的事情。像這樣在告別式中哀悼故人的過程，不如說是一段安慰家屬的時間。

但是對自殺者遺族來說，實在很難回答那些問題。有人會對外宣稱故人是因交通事故喪生或猝死，但在告別式上賓客都能感覺到，這好像不只是「單純的」事故，家屬們好像有些事情沒說出口。

這種時候，其實我們只要靜靜地表達哀悼就可以了。不過無可避免的，總是會有無禮的人，非要追問遺族一些難以回答的問題：故人是何時何地、為何會發生事故？那你們會怎麼處理保險理賠？

無法透露死亡原委或不願透露的遺族們，只能懇切地希望弔唁者的「安慰」能盡快結束。自殺者的告別式上，弔唁者的安慰通常無法觸及遺族們的心。

但換個角度來看，假如遺族坦白說出故人自己結束生命的事實，他們能得到更大的安慰嗎？遺憾的是，大多情況並非如此。

明明只要說一句「一定很辛苦吧」就好了，卻有很多人對故人的死充滿好奇，或是自以為知道一些什麼，在現場說些不該說的話。

一些人不斷追究：「他為什麼會那樣？」

「你真的一點都不知道嗎？」

或者無禮地指責：「他那麼痛苦你到底做了些什麼？」

甚至抓著年幼的孩子說：「現在家裡就靠你了。」

對未亡人說：「看看孩子，快點振作起來吧。」

這些話語都讓遺族備感負擔。

曾有遺族對我說「快點振作起來」這句話，讓他聽著很委屈。自己連傷心的時間都沒有了，為什麼還要叫我振作？

不過也有人跟我分享，他在當下一時還無法接受，連哭都哭不出來，一位前來弔唁的朋友突然抓著他大哭。在那一瞬間，他得到了短暫的安慰。那位大哭的朋友，就像在幫他宣洩還找不到出口的情緒。

自殺者遺族們常常是在精神恍惚的狀態下結束故人的告別式，通常要過一段時間後，才會逐漸意識到這件事是「真的」發生在自己身上。

為什麼會不知道呢？

自殺訣別與普通訣別最大的不同，在於不知道故人死亡的原因。我們能夠說出的原因，都只是假設和推測而已。即便像心理剖析這樣，透過大量提問來梳理出故人為什麼只能做出這種極端選擇，終究也只是推測罷了。

舉個例子，如果是交通事故，我們可以知道事故的原因，誰是肇事者，駕駛人有什麼過失等等；如果是因病死亡，醫生會說明病因、病情有多嚴重、為什麼惡化等等。但是因自殺帶來的訣別，留下來的人只能自行推測自殺者的意圖，但無法確定，因為真正的答案已隨故人離去。這一點讓自殺者遺族的哀悼過程變得很複雜，而且需要很長的時間。

對於故人的離去，自殺者遺族會不停問自己：

「為什麼我當時沒有那樣做？」

「為什麼在那之前都沒有發覺？」

他們因而陷入龐大的罪惡感、自責、自我詆毀。失去所愛的人，任誰都會感到自責，後悔自己沒有做得更多、做得更好，但是一般訣別的自責感和自殺者遺族的自責感又不相同。遺族剛開始可能會怨恨選擇離開的故人，後來又把矛頭轉向自己，怪罪、討厭自己。這可能是因為找不到明確的死亡加害者或理由而造成的，而這一切的過程，都讓遺族非常痛苦。

通常在自殺者離去後的三～六個月內，遺族的生活或狀態可說是一片混亂，他們無法明確做出任何有意識的決策。

我認為當事故發生時，將麥克風塞到遺族面前，想盡辦法要對方說出感覺的採訪方式，非常暴力。在我接觸過的遺族中，許多人都很後悔在那種混亂時期做出的決定。

從外國的研究來看，在這種情況下，遺族最好不要親自出面，由能夠轉達立場的代理人去面對外界會比較好。特別是自殺的情況，如果可以就不要讓家屬出來面對外界的疑問，因為那不是最好的安排。

讓自殺者遺族感到最痛苦的，就是罪惡感。從韓國的自殺預防指南可以知道，每十名自殺者中就有八名會發出警告信號，如果能好好掌握這點，應該可以幫助自殺高風險族群。韓國保健福祉部為此還制定了「預防自殺守門員」的常態教育，希望所有國民能夠及時發現周邊的人的自殺徵兆，給予適當回應，進而預防自殺憾事發生，這也是實務上有效果的自殺預防政策之一。

從預防層面來看，如果能掌握事前發出的警告訊息，就有機會阻止自殺；但是從遺族的立場來看，這也是引發他們自責的關鍵。看著指南中羅列出的自殺高風險者會有的行動、身體變化、內在因素、外在因素等，遺族越發覺得：「警告訊號這麼多，我為什麼都沒發現呢？」反而更加自責。

在實際進行心理剖析諮詢時，如果問到：「在故人過世之前，有沒有察覺到什麼樣的異狀？」遺族們大多會說不知道、沒有；他就像平時一樣，會上菜市場、煮飯，看起來完全不像會自尋短見的樣子。想自殺的人如果真的跟平時有很大的不同，周圍的人怎麼可能會沒有察覺？

而實際上，大多數自殺者輕生前的行為就像平常一樣，他們只會在心裡不停地彩排，私下搜索相關內容，查詢報導，最後在周圍的人都不知情的情況下完成自己的選擇。

自殺死亡者中，有百分之二十五～三十的人會留下遺書，但大多數人不會。在感覺到強烈的自殺衝動時，他們的想法和情感可能會不太正常。也因為這樣，遺書內容有時會前後不一致，裡頭可能會有遺族最想知道的「為什麼」，但也可能完全看不出自殺的理由；而且遺書的內容只是反映了故人死亡前的狀態，並非告知了死亡之前的全部過程。任何遺書也無法完全包含故人選擇結束生命的決定性理由、感情、想法，而內容破碎的遺書更是數不勝數。

雖然遺族們想知道自殺的原因，但是突然產生自殺衝動的人，大部分無法清楚、明確地思考自己跟旁人的關係，因為他們已陷入自己無法解決的痛苦問題中，充滿了無力感，並認為擺脫這種狀況的唯一方法就是自殺。

如果早知道

　　自殺者遺族在進行心理諮詢時，會查看自殺警告信號表，確認是否符合裡面所列的內容。這些信號包括沒睡好覺、熬夜看電視或來回走動、體重突然減輕、對酒精的依賴度提高……諸如此類。

　　遺族們看了之後通常會恍然大悟。「啊，原來那就是自殺的警告信號啊！」

當繼續被問到：「故人曾發出自殺警告信號嗎？」就會回答：「有。」

所以經過統計，出現警告信號後實際發生自殺的比率高達百分之八十。在諮詢過程中，遺族們仔細回顧過去，事後才發現原來那句話、那個行動、那種臉色就是自殺警告信號。同時間，自責感襲來，「如果早知道」的想法隨之產生。而這種想法一旦開始，就會沒完沒了。

在為自殺預防輔導人員上課時，有名諮詢師提出自己的實際經驗。他有一位已經連續五年前來諮詢的自殺者遺族，然而這五年來，他仍不斷重複著「如果當初我能早點知道要做些什麼的話……」即使一再告訴他那不是他的錯，仍無法阻止他的自責，經過好幾年的諮詢依舊在原地踏步。於是那名諮詢師問我，到底怎樣才能讓自殺者遺族停止「如果早知道」的自責想法。

事實上，很多自殺者遺族確實總是不斷反思自己的話語和行動，有些話是不是該說卻沒說，有些事是不是不該做卻做了。如果當初那樣做的話，也許他現在還活著。

我們無法告訴遺族們那種想法根本是庸人自擾，也無法讓他們停止負面思考，因為他們根本就聽不進去。話有沒有說出口雖然不一定有差異，但許多遺族還是會去想數百、數千次的「如果早知道」。

如果接了那通電話、如果那個時間在家、如果那天不要吵架……無數個「如果早知道」的想法，是自殺者遺族極其自然的哀悼反應。他們也心知肚明，就算那樣做故人也不會活著回來，但或許他們想在自己的意念裡救活故人，也有可能這是對沒能做任何事情的自己的責難。

還有一種狀況，自殺者遺族各自會有屬於自己的「如果早知道」。

有次一位自殺者遺族跟我分享另一位遺族的事，他說那人把能想到的「如果早知道」全都做了，卻還是沒能阻止親人自殺。他對我說：「老師，除了打斷『如果早知道』這種想法之外，也沒有其他辦法了。感覺就像在玩一場無論如何都會輸的遊戲。」

老實說，我並不同意自殺可以百分之百預防這種說法。如果及時感知到警告信號並給予必要的幫助，那麼確實可以救活很多生命，但依然存在無論如何都無法阻擋的死亡。在二十四小時監控的封閉病房也可能發生自殺；某種狀況下，我們就是無法阻止死亡，這是人類的極限。我認為自殺者遺族應該接受這個事實。但在他們真正接受之前，面對那些無止境地說「如果早知道」的遺族，我們能做的只有無止境地傾聽。

家人可以成為哀悼的共同體嗎？

我成立並帶領一個由二三十歲女性組成的自殺者遺族聚會。在這個聚會中有一位組長，她的弟弟是因自殺而離世。在告別式結束一個月後，她來找我，說：「我深知親人自殺離去，哀悼的過程非常痛苦，所以我希望可以讓我的家人好好地接受弟弟的死。」

不過全家人一起為自殺身亡

的家庭成員哀悼，實際上有點難以實現，我反而會建議在那段時間裡，家人們各自用自己的方式度過會更好一些。

家庭成員的自殺會使家庭結構發生改變，有時變成單親家庭，有時則變成獨生子女。家庭中其他成員要重新適應關係的變動，這絕對是需要時間的。而在這段期間內，所有家庭成員都需要用自己的方式哀悼。即使是一家人，每個人跟故人的關係還是不太一樣，對故人的想法和情感也各不相同，對他的了解也有深有淺。

當家中有人自殺身亡，全家人都會受到衝擊，有人可能認為故人選擇自殺是因為某個家人的影響，而埋怨對方，那種怨恨也可能會再轉移到另一個成員身上。家人共同擁有不便對外人啟齒的祕密，看起來好像應該要能互相理解、彼此安慰，但偏偏最容易彼此傷害的也是家人。

那些把孩子放在第一位的父母，當他們遇到孩子自己結束生命，通常會比任何自殺者遺族還要痛苦得多，那種痛苦是外人很難衡量的。我遇過很多狀況是手足輕生之後，父母在傷心之餘，往往也會擔心其他孩子會不會也發生問題，卻又不知道應該用什麼樣的態度來面對其他孩子。

面對孩子的自殺，有的父母會覺得那是「為人父母的失敗」，而大改以往對其他子女的態度。留下來的孩子則會覺得自己必須擔起已故手足的責任，而感到有壓力，或是因為手足的離去而得到父母更多的關注，而感到內疚。

對於手足的死，有些遺族會埋怨父母，但有時也會有遺族覺得父母一定比自己更難熬，所以無法表露自己的悲傷，在父母難過的時候也必須表現得堅強。

有的家庭裡，父親認為只要像以前一樣對待其他孩子就好，母親卻執意用完全不同的方式對待孩子，因而產生對立的狀況。也有的父母甚至會想「為什麼走的不是你？」將怨恨的矛頭指向還在身邊的孩子；在某一瞬間，又被有這樣想法的自己給嚇到，陷入嚴重的罪惡感當中。

雖然離開的是共同的家人，但在哀悼過程中，家庭成員每個人經歷的情感波動和強度各異。即使我有這樣的感受，別人也不一定會有；看到其他家人可以一如往常地生活，就會莫名地氣憤。

每個人悲傷的方式、程度都不一樣，就像各自乘坐不同的雲霄飛車，所以如果能允許家人們擁有各自的時間，理解其他家庭成員可能會經歷不同的情感波動，尊重彼此在各自的時間裡度過屬於自己的哀悼過程，那麼總有一天，大家終會坐在一起，回憶共同的家人。

當時間無法成為良藥時

心理學和精神健康醫學對於因死別而備感痛苦的人，主要著重在「失去」這個部分，「哀悼諮詢」發展的時間也並不長。但我們每個人在人生的某個時刻，必然會有因死亡而失去某人的經歷，這是非常普遍的經驗。留下來的人會非常想念故人，希望那個人能活著回來，無法想像沒有他的生活要怎麼度過。甚至有一

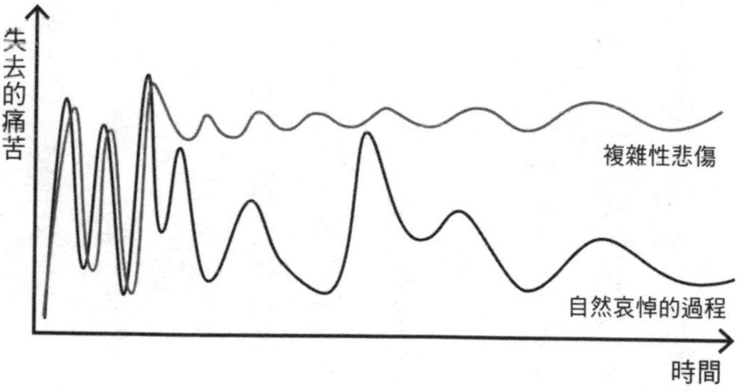

哀悼反應隨時間的變化

段時間茶不思、飯不想、夜不成眠，工作和課業都心不在焉。

那個人已經不在身邊了，這不是現實，真希望只是一場夢。

這段時間的哀悼反應又稱作「急性哀悼反應」(acute grief)。就像「時間就是良藥」這句話一樣，經過一個月、三個月、一年，我們會逐漸擺脫死亡後極度嚴重的痛苦情緒，不知不覺接受那個人已不在世上的事實。這是極其自然的哀悼過程，不需要特別的心理治療或採取其他措施，只需要充足的時間和等待。

但是也有時間無法治癒的離別傷痛；即使時間流逝，有些人還是會繼續停留在前述所說的急性哀悼狀態。只要一想到仍然會痛苦得渾身發抖，因為故人的死亡似乎讓他也活不下去了。這些人的症狀與創傷後壓力症候群（PTSD）以及憂鬱症不同。

精神醫學將這種狀態稱為「複雜性悲傷」（complicated grief），但我並不太喜歡這種說法。這是在某種疾病的治療過程中，出現了併發症（complication）時會用的說法，而醫療人員應該盡最大的努力避免併發症發生。

複雜性悲傷的概念也是以這種醫學概念為基礎延伸出來的用語，給人一種要把處於複雜性哀傷狀態的遺族從正常之中分離出來的感覺。當然之所以這樣命名，也是為了強調處於複雜性悲傷狀態的人，必須得到適當的治療和幫助。

哀悼不是階段，而是過程

「有時候我也想跟身邊的人說說話，得到安慰，但我怕對方只會記得我那一瞬間的模樣，只記得我痛苦和疲憊的樣子。我怕對方會把我看成是個一直深陷痛苦中的人，所以還是很難說出口。」

哀悼會隨時間變化，是不固定的，自殺者遺族經常處於想要得到安慰，卻又很難接受自己需要安慰的情況。哀悼的進程不可預測，是一種波動的過程，很多情況下會用雲霄飛車或波濤洶湧來比喻，心情反覆上上下下，起起伏伏。當然隨著時間推移，雲霄飛車的速度會漸漫，海浪的高低差也會越來越小。

研究哀傷最廣人知的學者應該是伊莉莎白．庫伯勒．羅斯（Elisabeth Kübler-Ross）。這位出生於瑞士的精神醫學家提出了接受死亡的五個階段：否認、憤怒、討價還價、沮喪、接受，也就是「庫伯勒．羅斯模型」，這個理論還延伸為「接受離別的五個階段」，或「悲傷的五個階段」。但是相較於大眾的熟悉程度，實際上這個理論在專家間並沒有被廣泛使用。這樣的階段理論也很容易讓人以為在哀悼過程中，必須循序漸進把每個階段都走過才行，但正如前所述，哀悼不是固定、有順序的，也不是線性的。「好，對死亡的否認已經結束了，那麼接下來是不是應該要表現憤怒呢？」

如果像這樣粗略地應用階段理論，稍有不慎就會曲解遺族的實際感受，將遺族真正經歷到的排除在外。

雖然不建議要循著固定的階段哀悼，但在哀悼過程中，還是有一些該做的事，所以有的專家甚至說：「哀悼是劇烈的勞動。」為了記住死去的故人而積極努力，就是哀悼。在死別後，試著度過難以呼吸的痛苦時光，接受那個人已經不在我身邊的事實。為了達到即使望著那個人留下的空位也能不懼怕的狀態，我們應該做什麼呢？

接受失去的事實

對自殺者遺族來說，最重要的功課就是「接受失去的事實」。

接受失去的事實聽起來好像很單純，既然人不在身邊了，觸摸不到也無法對話，又怎麼能不接受現實呢？但實際上，人要在心裡接受失去的事實需要很長的時間，特別是意想不到的突然死亡，到完全接受為止往往會經歷漫長的痛苦。

而故人死亡的方式，對哀悼的過程影響甚劇。一名父親突然被診斷得了癌症，同時病情急劇惡化，最後不幸離世。子女們雖然竭盡全力照顧父親，一起陪父親度過最後的時光，但父親走得太快，子女一想到還有很多事沒能替父親做，心裡就充滿自責；可能就這樣過了一年，仍無法接受父親的缺席。

在父親病重時，家人其實都有心理準備，但真的發生後還是難以接受；那麼各位就可以稍微想像，如果是因不明原因而自殺的家人就更困難了。就因為這麼艱難，很多遺族甚至根本不想試著接受失去的事實，拒絕讓故人的死亡成為他們的經驗，並放任這個死亡來動搖生活。

我們經常會遇到「明知如此，內心卻無法接受」的狀況，面對親友自殺更是如此，尤其當我們無法解釋為什麼會發生那種事情時。雖然我們都知道應該面對，去理解那就是發生在自己身上的現實，但當我們靠近死亡的真相，卻又像是靠近火場、快被燒死一般，只想轉身逃走，當作什麼事都沒有發生。

有名女子，她的丈夫驟逝沒多久後來到諮詢室找我。她非常平靜，談話中甚至還有說有笑。

「面臨親人的死別，許多自殺者遺族會一時搞不清楚是夢還是現實。」我這樣對她說。

她聽了只說，這一切都太荒唐了，除了笑，她什麼也做不了。

一名孩子尋短的母親來找我，她深呼吸了好幾次，才艱難地開口談起當天的事。

「老師，我睜開眼睛只能盯著時鐘看，時間真的太沉重了。」

她沒有說太多，但難過早已透過身體反應出來。我陪著她一起調整呼吸，讓她逐漸穩定後再聽她的故事。

早上一睜開眼睛又是新的一天，全新的二十四小時卻令她感到恐懼；她只能鎮日呆坐著盯著指針移動，每走一個刻度她都感覺無比沉重。為了不要想起逝去的孩子，她不是呆望著時鐘，就是反覆抄寫聖經中的同一篇章。

根據與故人關係的深淺，從事發直到承認親友已離開、不會再回來為止，有人需要幾個月，有人則需要花好幾年的時間。

第一次來找我的人，總會跟我說他們渴望「克服」這種痛苦，希望我告訴他們方法；還有人想知道其他人是怎樣克服這種痛苦的。我總會告訴他們，死別帶來的心靈痛苦不是應該克服的對象，我們一定會有段時間，只能全身心承受離別的痛苦，而我的工作，就是陪伴在遺族身邊，度過這段時間。

誠實接受一切變化

要接受故人死亡的現實，就必須原原本本地經歷死亡帶來的痛苦。哀悼過程中必須完成的第二個功課，則是「如實接受死別帶來的所有變化」。

死別的喪失是避免不了的，沒有任何要領或捷徑。遺憾的是，我也無法讓你感覺不到痛苦，我反而會牽著你的手，陪你一起走向痛苦，感受為什麼會這麼地痛。我的工作正是幫助你面對死別帶來的變化，了解這過程有多艱難。

一名失去妻子的丈夫來找我，他說：

「我希望可以得到更多智慧，戰勝這段時期。」

一般在第一次諮詢時，會先有一段心理教育（psychoeducation）時間，用通俗易懂的方式讓諮詢者了解哀悼以及哀悼過程的相關知識。那名丈夫也必須接受妻子的死已是現實，因此我告訴他必須經歷一段時間，原原本本地去感受妻子已經不在身邊的痛苦。

他說只要一想到妻子不在了，就感到撕心裂肺地難過，所以他盡量不去想，也開始喝酒。他的父母為了讓兒子盡快忘了亡妻，在葬禮一結束就把兒媳的東西全部清理掉。

我問：「為什麼總想忘記妻子？你難道不願意記得她嗎？」在一起生活了數十年的另一半，如何能在幾個月內忘記呢？毫無痛苦地忘記與自己共享大部分日常生活的人，這真的有辦法嗎？

很多自殺者遺族希望把跟故人有關的回憶牢牢關在內心的抽屜深處，再貼上封條，但這並非想像中那麼容易。日常生活中到處都是會讓人想起對方的線索，除非大腦有抹除記憶的功能，否則根本很難維持。即使覺得好像已經放下了，卻仍可能在意想不到的瞬間有所觸動，使得內心深處的記憶全部跑出來，重重地壓向遺族們。

不如我們一起打開心房，看看深處有些什麼？我想告訴你，這次讓我們把想封存的記憶擦乾淨，放在看得見的地方。

帶著地圖，展開旅程

進行哀悼諮詢，就像與遺族一起鋪開地圖，展開漫長的旅程。這裡指的地圖，就好比諮詢時的理論背景一樣。我使用的「意義重組」地圖，是源自精神醫學家約翰・C・尼米亞（John C. Nemiah）與黛安娜・C・桑茲（Diana C. Sands）的理論。

提到意義創造（meaning making），總會讓我想起一位諮詢者，他的孩子年紀輕輕就因自殺而離世。在來找我之前，他因失去孩子而痛苦掙扎，所以曾在宗教相關機構接受過諮詢。宗教機構卻告訴他：「神賜予的苦痛都是有意義的，而你要去尋找那個意義。」

聽到這種話，他感到非常生氣。

「苦痛到底有什麼意義？這話不是很殘忍嗎？這一切都沒有意義，我的人生就到此結束了，還要我尋找什麼意義？」

英國詩人威斯登・休・奧登（Wystan Hugh Auden）的詩〈葬禮藍調〉（*Funeral Blues*）裡有這麼一段：

不需要星星，就把每一顆都摘掉；
把月亮打包，太陽也拆下；
傾倒大海，掃開森林；
因為此刻再也沒有什麼有意義。

對遺族而言，遭逢驟逝使他們對世上一切都覺得失去意義，「意義」之類的故事反而會讓他們感到暴力。

以自殺離開這個世界，將徹底摧毀生者原本擁有的生活。遺族原本對自我、世界及其他人的一切想法和信任，都會瞬間崩潰，對於愛情、友情、親密感、責任感、希望、夢想的看法也會完全改變。

自殺者遺族常以「被炸彈擊中」來形容聽到消息當下的感覺。雖然不知道被炸彈炸得支離破碎的自己掉在哪裡，但仍必須一片一片找回來。而找回來的碎片不是掃成一堆、用地毯蓋住就好，還要撥開來仔細看看，因此才需要激烈的哀悼勞動。

這時，我們要考慮兩個重要的故事主題，那就是事件故事（event story）和背景故事（back story）。事件故事是關於死亡這起事件本身，背景故事則是關於故人與自己的關係。為了重新建構完全崩潰的人生意義，即使痛苦，也要去回想那起事件、那個人和我的關係。

舉例來說，事件故事就是故人何時何地死亡。聽到死亡消息時，遺族在何處做什麼？是誰發現的，大體如何處理？訃聞傳給了哪些人？有哪些人知道自殺的事實，有哪些人不知道？是什麼理由不讓那些人知道？當說出來時，周圍的人反應如何？在喪禮上到底發生了什麼事情？故人的遺骨安置在哪裡？在這個過程中有沒有後悔的部分？有沒有因為旁人的無禮言語而受傷？有沒有得到安慰？哪些話語和行動給了我安慰？在故人離世後要如何度過日常生活等等。

更進一步，我們還要傾聽遺族認為的死亡原因。當然，我們無法完全把握故人死亡之前的生活軌跡，但仍必須確認留下來的人知道什麼、不知道什麼，再以所知道的內容為基礎，引導遺族說出此刻他認為是什麼理由將故人逼向死亡。隨著哀悼過程的進行，遺族對故人自我了斷的原因可能會有不同的想法，在故人死後一個月和三個月後所推測的死亡原因，也會持續變化。

背景故事則是關於故人與我、故人與社會的關係。雖然他的肉身已不存在，但我們還是可以探尋故人是以什麼樣貌留在遺族的記憶中，他對遺族有什麼認知，以及兩人間有什麼情感連結。

例如：在跟故人的關係中，哪些記憶會引起痛苦和罪惡感？有沒有什麼要向故人請求原諒的事？如果有，想以什麼樣的形式請求原諒？與故人之間快樂、安心或感到榮耀的記憶是什麼？遺族印象中最喜歡故人的優點或特點是什麼？我的未來會帶著什麼樣有關故人的回憶前行？在這一連串的問答中，故人會再次被邀請進入遺族的生活中，並成為記憶。

即使是悲劇性的結局，故人死亡之前的生活，無論對故人或遺族來說都不會消失。為了好好記住，我們都要思考如何與人建立適當的關係。

穿鞋，行走，脫鞋

事件故事和背景故事也適用於自殺死別之外的其他哀悼諮詢。另外，黛安娜·C·桑茲另外還設計了更特別、詳細分析的「自殺訣別三方模式」（Tripartite Model of Suicide Bereavement, TMSB）。這是一個關於「故人—我—世界」三方關係的過程，桑茲以「穿鞋子」的比喻來說明。

桑茲三方模式的第一階段是「穿鞋」，這裡的鞋子比喻自殺事件。故人有意結束自己生命，對遺族的哀悼過程就產生了壓倒性的影響。「到底為什麼？」等疑問在遺族的腦海揮之不去，使他們痛苦不堪。於是有的遺族成了偵探，追蹤故人生前的行蹤。這也是伴隨自殺而來的哀悼行為。

「穿鞋」的意思就是讓遺族有如穿上故人的鞋子，想像故人求死的過程。在穿上鞋子之前，遺族通常會有一段自我掙扎，苦惱著要不要去探究故人的死亡。「如果知道了原因，我會不會更痛苦呢？而且這樣做就能知道原因嗎？」但再怎麼想逃離痛苦，遺族還是會去想像故人臨死前感受到的痛苦。

穿上故人的鞋子後，可能感受到罪惡感、混亂、悲傷、怨恨、恐懼、自責，有時甚至什麼也感受不到，唯有空虛……穿上鞋子後，遺族就可以從之前自己感受到的情緒中退一步，去推測故人臨死前可能感受到的。

很多遺族會在腦海中反覆想像，故人在自殺前一定「很孤獨」、「很淒涼」、「很恐懼」，全身都能感受到當時的痛苦。

有名自殺者是在家中離世，他的家人不停想像他當天到底做了些什麼，還把在最後一刻也在一旁陪伴的寵物犬抓過來問：「你看到了什麼？那天到底發生了什麼事？」

自殺的原因永遠是個謎，被留下來的人無法知道故人為什麼會做出這樣極端的選擇。為了找尋答案，就必須穿上故人穿過的鞋子。

穿上鞋之後，我們就要開始行走。從臨死前那一刻倒帶，回想一下故人在死亡前過著怎樣的生活。在這個過程中，自然而然會出現我們自己和故人之間的無數故事。

穿故人的鞋子走著走著，也很自然會碰到「盲點」（blind spot），也就是意想不到的死角。不管是子女、手足、配偶等再怎麼親近的關係，在故人的痛苦中，還是會有無法知道、靠近不了的地方。

我曾看過國外一部關於自殺者遺族的輔導影片，影片中一位遺族提到，在失去孩子後有段時間感到非常痛苦，因為她明明身為母親，直到孩子死亡為止卻什麼也不知道。孩子所經歷的心理痛苦被黑幕包圍著，她在外面根本無法接觸；而現在一切都已無法挽回，如果當時能早點知道該有多好。即使如此，我們仍必須接受存在著無法知道也無法到達的盲點。如果能承認盲點的存在，數千個總是想著「如果早知道」的家庭，或許就能放下。

最後階段是脫掉故人的鞋子，並且把那雙鞋好好安放在心中一隅。活著的人不能總是穿著故人的鞋子，讓我們把故人的鞋子放在安全、舒適的一角，慢慢把剩餘的空間留給其他人進入，並不畏懼向他人介紹已離去的故人。雖然心裡仍會揪緊一下，但已不再痛苦地記住故人，也可以平靜看著放在心中的故人的鞋子，想起曾與他共享過的瑣碎卻愉快的回憶。

我陪著一位遺族穿著故人的鞋子，一起走了一年多，中間他數度想把鞋脫掉臨陣脫逃，但都忍了下來，最後，終於可以真正地脫掉鞋子。那時他說：「整理相冊的時候，我看到以前和弟弟一起開懷大笑的照片，還找到了影片。想想原來我和他曾經那麼親密，曾有那樣相視而笑的瞬間啊……現在我終於可以不再抗拒，時常想起那些回憶了。」

我很喜歡政治哲學家漢娜・鄂蘭（Hannah Arendt）在《人的條件》（*The Human Condition*）一書中引用的一句話：「所有悲傷都可以忍受，如果你把它們放進故事裡，或是訴說一個關於它們的故事。」我認為在穿鞋、行走、脫鞋的過程中，遺族講述的故事，都是恢復他們生活的脈絡，同時也是製造一個過程，讓他們可以一輩子回憶故人，同時承受失去。

療癒失去的電影

我想介紹幾部電影給來找我諮詢的人。其實我很難從頭到尾對遺族的喪失經歷產生共鳴；聽著他們的故事，有時很難完全理解，因為裡面有太多不是當事人就絕對無法感受的痛苦經驗，因此有時透過電影或小說等藝術作品的間接療癒，會比單純諮詢更有幫助。

「二〇一四年十二月一日早上，我被突然飛來的炸彈擊中，身上出現一個很大的洞。」這是一名諮詢者傳來的訊息，還附上一幅千瘡百孔的人畫像。很多遺族會把突然接到噩耗的那一刻，形容為「被殘酷的炸彈擊中」。

二〇一五年上映的電影《記憶乍響》（*Louder Than Bombs*），講述的是戰地記者伊莎貝去世後，家人的日常生活。正如前面提到的，電影中，家人把心中的殘骸集合起來，原封不動地掃入心中的地毯下蓋住，就這樣過了三年。母親去世時尚年幼的小兒子康拉達在不清楚母親死因的情況下，長成了青少年。除了對所有事情都懵懵懂懂的康拉達以外，伊莎貝的丈夫金恩和大兒子約拿似乎都依然過著各自的日常。

康拉達雖然懷疑母親死亡的真正原因，卻又不敢問爸爸，只能不斷壓抑失去母親的悲傷，以扭曲的方式表達自己的心情。而爸爸金恩雖然很擔心小兒子，但也不知道該怎麼辦才好。伊莎貝過世三週年之際，康拉達這才知道伊莎貝不是死於交通事故，而是自殺，勉強運轉的日常生活自此開始出現裂痕。伊莎貝的家人無法再用地毯覆蓋碎片，必須彼此將心中的碎片攤在陽光下展示。

當家中有人先離開這個世界，傷痛難免，但有時還會互相指責、埋怨：「你為什麼看起來一點都不難過？」

在諮詢的過程中，我發現根據關係程度不同，家人們對故人的記憶和對死亡的感受、想法也很不同。不是誰比較痛苦的問題，而是想到死亡時，心痛的領域不同。如果死亡像中央車站，故人配偶的哀悼過程是一號線，子女是二號線，兩條路線有時會交會，但在各自的哀悼過程中會經過不同的車站。這部電影便將其中的差異細膩地展現出來。

另外還有一部想推薦的電影，是二〇一七年上映的迪士尼動畫電影《可可夜總會》（*Coco*）。這部電影講述了活著的人、被留下的人應該如何記住故人。

墨西哥有個「亡靈節」是紀念亡者的日子。他們相信到了這一天，離開人世的家人會踩著用萬壽菊花瓣鋪成的花路來到人間，拜訪後代。萬壽菊代表了「離別」和「一定要回來」。電影中用萬壽菊連接的陰間世界雖然陰暗，卻不沉悶；那美麗的世界與生者的人生相連，也開啟死後的新生活。

我認為這部電影，對遭遇親人自殺衝擊而迴避一切死亡話題的人很有幫助。我在中央心理剖析中心工作時，曾在給自殺者遺族準備的宣傳手冊上寫到：「可以說出來，可以記住，可以在一起。」我認為《可可夜總會》將這三點融入得很完美。

不過，遺族對電影的反應會根據與故人訣別的時間、哀悼過程而有所不同。有的人跟我說，自己光看電影預告就哭得淅瀝嘩啦，雖然很想看整部電影，但又害怕自己會失控，沒有自信能看到最後。自殺者遺族在故人離去後的一段時間內，通常無法看或聽到任何有關自殺或死亡的事物。

另一方面，如果遺族已經從自殺訣別後的極度痛苦和衝擊中擺脫，接受故人已不在身邊的事實，《可可夜總會》可以帶來很大的安慰，因為電影傳達了我們可以和見不到、摸不著的記憶中的故人建立關係。

第一次推薦電影時，有位諮詢者信誓旦旦地說他絕對無法看這部電影。兩年後有個機會再見面，他笑著對我說：「老師，我終於看了《可可夜總會》。」後來每當有開心的事發生時，他就會想起先離開的人，心裡想著：「誰叫你那麼早就走了，沒辦法遇到這麼好的事吧。所以啊，為什麼要先走呢？」他的心裡平靜許多，也輕鬆了許多。原本的他，會因為故人無法看到春天盛開的花朵而內疚，現在已經可以在生活中自然而然地想起故人了。

而在Netflix上，我經常推薦一部二〇一八年的紀錄片《為你走的路》（*Evelyn*）。導演奧蘭多（Orlando von Einsiedel）拍攝這部紀錄片，是為了十幾年前自殺的弟弟。

患有精神方面疾病的弟弟自行終結了生命，十三年後，一家人決定重訪弟弟曾走過的足跡，一起到野外健行。奧蘭多原本主要是拍攝戰亂地區的紀錄片，在槍林彈雨中記錄生死，但當自己面對弟弟的死亡，長久以來卻是一句話也說不出口，連提及弟弟的名字「伊夫林」都覺得太難了。全家人也都壓抑著各自的情感。但時隔十三年，奧蘭多決定面對一直以來迴避的真相。影片的開頭就從坐在鏡頭前的導演，首度閱讀弟弟的驗屍報告開始，重新呼喚那個一直想迴避、想掩蓋、想無視的名字。這是伊夫林一家人的哀悼之旅，非常值得推薦。

同一條路，在伊夫林生前時家人們曾一起走過，現在沒有了他還是一邊思念一邊走下去。對伊夫林的離去，家庭成員各自擁有不同的記憶，有的沉重，有的瑣碎；途中有時哭，有時也會生氣，但他們都各自吐露出過去十三年未曾提起的話：對伊夫林的死所感受到的罪惡感，以及對彼此的怨恨。這些都是難以獨自承受的情感。這段旅程除了伊夫林的家人，很早就與母親離異的父親也帶著現在的妻子一起加入。在某些路段，伊夫林的朋友也一起同行，甚至是路上遇到的陌生人，也率直地表達對未曾謀面的伊夫林的哀悼。無形中，家人們也能更坦然地談論那個過去不敢說出口的死別經歷。

旅行結束後，伊夫林的妹妹昆妮坦言，即使完成了這趟旅程，她的心裡仍感到不自在，這也是我強力推薦這部紀錄片的理由。這部紀錄片展現了一家人如何重新呼喚曾經迴避的名字「伊夫林」，以及一度被抹去的伊夫林，如何再度回到家人的記憶中。哀悼之旅確實帶來很大的轉變，但這只是哀悼的開始，並不代表家人就此能完全被治癒及恢復。

若想給予自殺者遺族安慰

對於在痛苦中的人們，我們有時很容易就會說：「加油，快點克服吧。」希望對方盡快振作起來，戰勝困境。但我遇過的所有諮詢者，最討厭聽到的話也是「加油」、「振作起來」。我們既沒有給予當事人援助，也沒為他做什麼事，只是不想看到他們痛苦的樣子罷了。

有些人只是為了證明「我有

安慰你」，才會說出一些很明顯的話。「人總要活下去啊，不然能怎麼辦？應該原諒，應該理解，應該接受。要打起精神啊。」這些話就像沒搞清楚溺水者在哪，就亂扔救生圈，也不管你抓不抓得到。這些話語完全不負責任，就像在跟對方說，陷入困境是你自己的問題，我扔出救生圈，該做的事就做完了。

有時候，行動比話語更能安慰人。有的遺族因為鄰居每天早上把一些熱食掛在門上，幫自己照顧孩子上下學、看作業，而有了可以呼吸、堅持下去的力量。在丈夫離世後六個月，鄰居這樣默默付出、無形的安慰，給留下來的妻子帶來很大的幫助。

自殺者遺族通常很難先接近別人，更別提請求幫助，因此，如果遇到身邊的人不幸遭遇死別而痛苦，請先關心一下他有沒有吃飯？有沒有睡覺？與其說一些大家耳熟能詳的場面話，不如給予實際的照顧，對他們更有幫助。也可以告訴他們：無論何時有需要就叫我，有什麼想說的話，我都會聽到最後。

每個人擺脫痛苦的時間都不一樣。根據與故人的關係、故人在心中的地位，哀悼的時間有可能是一年，也有可能需要三年、十年。不要因為時間太長而感到奇怪，有人就是需要這麼長的時間。如果發現遺族在這段時間內做出對自己有害的行為，或是異常的行動，請協助他們尋求專家幫助。

韓國中央心理剖析中心以遺族為對象，調查過在與親人死別後，對他們來說最有幫助的話是什麼。第一名是：「一定很難過吧？想哭就哭，沒關係。」

當然這只是調查結果，並不是所有人都這麼認為，因為根據說話的人不同，某些人會得到安慰，有些人聽了反而會更痛苦。

有位親人離世的遺族曾對我說：「想想我身邊的人一定很累，因為我的情緒總是起伏不定，他們不知道該跟上哪個節拍，所以常常覺得很混亂。其實真要安慰的話，就安靜地待著吧，不要再說什麼話了，這樣就是對我最大的安慰。因為我現在，還無法自然地面對任何人。」

在正確的時間給予必要的安慰並不容易，但我們一定要知道，遺族正經歷非常痛苦和混亂的階段，無論他們有什麼感受都是自然的，我們必須理解。

剛開始進行推廣演講時，我曾說無法把所有自殺者遺族的哀悼過程告訴大家，我只是分享我短暫的學習所得，以及跟來諮詢的人交流的內容。

以前我到過警察局宣傳心理剖析諮詢，當時一名警察說：「如果家人自殺了，大家一定以為遺族們會很傷心吧？不，有時因為折磨自己的人消失了，他們反而會覺得更自在。」在我參與過的節目《街頭晚餐》播出後，我也看到有觀眾評論：「既然可以上節目，跟電視台關係應該很好吧。」我在諮詢或上課時，經常會想起這些話。如果我說的話未能觸及你的心，並不是因為你跟其他自殺者遺族有什麼不同或不正常。我更希望大家能記住，遺族的經驗和情感，本身就有表達和得到安慰的權利。

我成立的自殺者遺族聚會，在每月第一週的星期三晚上七點舉行。有過同樣經歷的人們會聚在一起，即使不具體說出自己的經歷，只要能和可以充分理解彼此心情的人在一起，就足以讓出席者們得到很大的安慰。有時還可以得到一些過來人的協助，例如：是不是要繼續保留故人的手機號碼？要保留多少遺物？滿週年時一定要祭拜嗎？

最重要的是，與會者在與其他遺族交流的過程中，可以從他人的經歷中得到一些新的觀點，來回顧自己與故人的關係。以前無法理解的心情，現在或許可以從另一個角度理解。

有一回聚會，有位參與者因自己的手足去世，而對其配偶產生怨恨；另一位則是反過來，因為配偶的死亡，而對配偶的家人產生憎恨和失望。他們在聚會中分享各自的心情。在尾聲發表感想時，兩人不約而同表示：「現在終於知道，原來在那段時間並不止有我痛苦，其他人也有我不知道，或當時的我不願去理解的痛苦。」

有時，遺族光內心的痛苦就難以承受，無法騰出空間與他人共享痛苦。參加聚會，其實也是反覆暴露在其他遺族的死別經驗中，對某些人來說可能很難熬。但這種聚會的主要目的不是為了治療或諮詢，而是讓遺族們互相安慰和支持。透過這樣的聚會，有些人可以在哀悼過程中得到充分的幫助，但也有人可能需要尋求更專業的協助。我想告訴大家的是，即使覺得自己跟其他遺族沒有共鳴，也不代表你的經驗是錯誤的，或不正常的。

在加入聚會前，一定要先讀完「遺族權利宣言」(注)，參與者會發現每次打動心靈的文句都不相同。不僅是遺族，我認為我們都必須記住遺族權利宣言的所有內容。

注 Jeffrey Jackson, *SOS: A handbook for survivors of suicide*, American Association of Suicidology(AAS) 2003.

遺族權利宣言

1. 我有權利不須有罪惡感。
2. 我有權不須對自殺造成的死亡負責。
3. 即使別人很難接受我的感覺和情感，只要不影響到他人，我就有權表達出來。
4. 關於我的問題，我有權聽到權威人士或其他家人的誠實回答。
5. 我有權拒絕被自認可以減輕我痛苦的人欺騙。
6. 我有權利維持希望。
7. 我有權利維持平靜與尊嚴。
8. 我有權對故人保有良好的情感，不管自殺者往生前或當下的情況如何。

9. 我有權保持自己的獨立人格，不受自殺導致的死亡影響判斷。
10. 我有權利找到幫助我的專家和援助小組，讓他們能夠真實地觀察和接受我的感覺。
11. 我有權展開新的開始。我有權活下去。

給諮詢師的答覆

哀悼諮詢這一年（注）

弟弟去世一年後，家裡並沒有什麼變化，尤其是弟弟的房間。他生病時躺的床、散落的衣服、他用的乳液，還有讀完、標有重點的詩集，都跟他還在時一樣，堅守著各自的位置。弟弟打開、往下跳的窗戶，現在總是用百葉窗遮住；媽媽說百葉窗壞了，不能往上拉。

媽媽因為要去銀行辦事，

只得出門，我就趁機把百葉窗拉起來，仔細地觀察。他是怎麼打開這扇窗的呢？他在這前面站了多久？不知道有沒有留下什麼訊息。緊貼著光線照射的窗戶斜著往上看，就能看到高處印了幾個手印，看那印記應該是連手掌都在使勁按壓。弟弟個子高，伸手抓著窗戶，應該就會留下手印。他是把頭靠在伸直的胳膊上站著嗎？媽媽差不多要回來了，我趕緊把百葉窗拉下來。百葉窗繼續處於故障狀態。

客廳窗戶總是關著，悶得慌。從學校回來，感覺就像進入

注 本文是由接受哀悼諮詢的諮詢者親自寫的故事，收錄在韓國心理學網誌《我的人生心理學思想》中。

黑洞一樣。房子裡冷冷清清的。媽媽害怕封閉的空間，連房間都無法進去。她現在都在客廳蓋著被子睡覺，起床後會在原位坐很久，吃了藥之後又繼續睡。等我回到家，會問媽媽今天有沒有帶小狗去散步，或是去做瑜伽。

在喪禮上，別人一直跟我說：「妳應該代替爸爸媽媽，打起精神來。」我應該讓大家看到我正打起精神嗎？於是我尋求哀悼諮詢。剛開始我覺得媽媽比我更需要幫助，但因為媽媽不可能自己去諮詢，所以我想先去看看再回來勸她。後來我才知道，就連想要幫助媽媽的心，其實也是一種神經障礙症狀，因為我無法照顧我自己的悲傷。現在參加自殺者遺族聚會時，我也經常見到先替媽媽來探路的女兒們。女兒總是要身兼數職，在自我哀悼的同時，還要照顧父母。人們只會叫我要好好照顧父母，到了現在，我才知道唯有我能好好哀悼，才能照顧周圍的人。

沒有人告訴我，但哀悼是激烈的勞動。諮詢師說：「直到沒有柴火可燒為止，讓烈火熊熊地燃燒，成為灰燼，這就是哀悼。」但積壓在心頭的柴火總是不斷冒出來。很多人在聽到死亡消息的第一瞬間就被壓制住了，就像我當時站在弟弟跳下的窗前一樣。

即使如此，如果繼續從事哀悼這項無形的勞動，也會發生小而驚人的事情。有一天，我走進家門，感覺有一股涼爽的風吹到門口。原本一直鎖著的陽台門開著，百葉窗很不自然地拉了上去。我感覺屋子裡有空氣流動。雖然窗戶在五分鐘後就關上了，但這個只有我能察覺到的瞬間，之後也不斷出現。

有一天我拿出弟弟的衣服穿上身。弟弟喜歡收集好看的衣服，柔軟的格子襯衫是我送給他的禮物，哈雷牛仔夾克是在網路上找了一個月才買到的。我把那些衣服拿出來穿。即使媽媽沒開口，我也感覺到她不喜歡，但我還是穿了。我開始仔細觀察，那些衣服不再是「需要處理但害怕拿出來」的東西了，就像不需要勉強壓抑對弟弟的想念一樣，衣服也可以經常拿出來看一看，摸一摸。爸爸長久以來原本只讀聖經，從某天開始，也動手整理舊照片和錄影帶。

哀悼會按照各自的速度流逝。從弟弟去世的那一天起，我總是心痛。第一年的忌日，我們把弟弟珍愛的衣服和經常蓋的被子，拿去某間寺廟旁的焚化爐燒了。前有湖，後有山，那是一個寧靜的好地方。之後，我身體的緊張得到緩解，就像把緊握到關節變白的手鬆開一樣，血液一點一點地又開始循環了。媽媽仍然在客廳裡躺著，度過一天中大部分的時間。雖然媽媽和我哀悼的速度和方式不同，但我希望媽媽也能早日迎來只有她才能感受到的瞬間。

後記

有人過世了。

不管與故人的關係親近或疏遠，人們都會一同悲傷，安慰被留下來的人。

「天啊，怎麼會這樣？」

然而當有人自殺，不管與故人的關係親近或疏遠、與遺族是否熟識，人們都會充滿好奇。

「為什麼？」

自殺者遺族們為了躲避周圍人的提問，為了隱瞞死亡的原因或尋找問題的答案，他們失去了真正悲傷和哀悼的機會。在沒有預告的情況下，某人的人生就這樣畫上了句點，突然接到消息的遺族們腦中只有荒唐與茫然。故人就這樣自己結束了人生，但留下來的人卻沒能預料，也沒有準備，只能在被強制拋棄的現實中，時時刻刻感受混亂。

遺族們或許錯過了預示這衝擊結果的徵兆，他們只能回溯故人生前最後的時光，但是到底什麼是徵兆，卻一點頭緒也沒有；一切似乎都是死亡的預告，卻也似乎沒有任何不同。他們只好把思念和悲傷藏在終無天日的冷凍庫裡，凍得僵硬，卻又在意想不到的瞬間，冷凍庫的門突然打開，悲傷滾落砸傷了腳背。

雖然感覺得到痛，時間也仍在流逝，我卻不知道該如何悲傷；我可以悲傷嗎？死亡明明就在附近徘徊，我卻無法正視死亡。

自殺者遺族被旁人拋在半空中的「為什麼」糾纏，無法踏入現實；明明活著卻不像活著，呈現一種游離的狀態。周圍的人先是不斷追問遺族，隨後又說出他們覺得正當的話：「要打起精神來」、「日子還是要過下去呀」、「時間就是良藥」。這些話都對，只要活著，就要振作，好好生活；隨著時間流逝，一定會好起來的。還有人來說服自己，周圍的人都沒有惡意，只是想找些好話來自我安慰。有人明知道我也很痛苦，那為什麼還要說那些會帶來傷害的話呢，到底是什麼意思？心中盡是委屈和生氣。

喪失是件撕心裂肺的事，並非失去理性的狀態。對破碎的心靈來說，什麼有智慧的建議和安慰都沒有用，反而像是給本想進行哀悼旅程的人，在包包裡塞滿了石頭。這負擔太沉重了，讓遺族想邁開腳步都有困難。想著未來的日子也要這樣度過，更覺得茫然無措。

以上正是那些因珍愛的人自殺，而初訪諮詢室的人們的模樣。當然在經過更深入的諮詢後，會發現每位遺族的痛苦都是極其私人和獨特的，但哀悼諮詢的出發基本上大同小異。

在我開始對外演講前不久，有位名人自殺了。所有人都在問「為什麼」、「怎麼會」。圍繞自殺身亡，也開始出現暴力性的言論，獵巫埋怨和指責特定人士。而我更是非常擔心那些曾來找我諮詢的自殺者遺族是否安好。他們好不容易充分度過了孤獨的時光，但在這種社會氛圍下，會不會又重新回到故人剛去世時的心境呢？所以我認為我應該說出來，告訴各位在每天都有數十人結束生命、消失在這個世界的情況下，那些被留下來的人都是怎麼過的。我想告訴那些把痛苦之人更往痛苦裡推，還自以為是「安慰」的人，你說的話和行動並不是安慰。

請不要問自殺者遺族「為什麼」、「怎麼會」，也不要隨意對他人的人生下定論，說什麼「也是有這種可能」。如果想給予自殺者遺族安慰，其實只要說「這段時間一定很辛苦吧」就好了。

而對於那些我未曾見過的自殺者遺族們，我想告訴你，雖然故人結束了自己的生命，但不可否認，他生前必然有充滿熱情的時刻。當你在腦中想到故人以極端方式自我了結之際，也希望你能同時記起他曾經熾熱的瞬間。在你的人生中，隨時都可以隨心所欲地呼喚故人的名字，盡情地想念。

國家圖書館出版品預行編目資料

你值得好好悲傷：我們都是自殺者遺族 / 高璿圭著；
馮燕珠譯. -- 初版. -- 臺北市：春光出版, 城邦文化事業
股份有限公司出版：英屬蓋曼群島商家庭傳媒股份有
限公司城邦分公司發行, 民111.03
面；公分
譯自：We're all suicide bereavement
ISBN 978-986-5543-80-8 (平裝)

1.CST: 自殺 2.CST: 心理復健

548.85 111000196

你值得好好悲傷：我們都是自殺者遺族

原著書名／We're all suicide bereavement
作　　者／高璿圭
譯　　者／馮燕珠
企劃選書人／劉瑄
責任編輯／何寧

版權行政暨數位業務專員／陳玉鈴
資深版權專員／許儀盈
行銷企劃／陳姿億
行銷業務經理／李振東
總編輯／王雪莉
發行人／何飛鵬
法律顧問／元禾法律事務所　王子文律師
出　　版／春光出版
台北市104中山區民生東路二段 141 號 8 樓
電話：(02) 2500-7008　傳真：(02) 2502-7676
部落格：http://stareast.pixnet.net/blog E-mail：stareast_service@cite.com.tw
發　　行／英屬蓋曼群島商家庭傳媒股份有限公司城邦分公司
台北市中山區民生東路二段 141 號11 樓
書虫客服服務專線：(02) 2500-7718 / (02) 2500-7719
24小時傳真服務：(02) 2500-1990 / (02) 2500-1991
服務時間：週一至週五上午9:30～12:00，下午13:30～17:00
郵撥帳號：19863813　戶名：書虫股份有限公司
讀者服務信箱E-mail: service@readingclub.com.tw
歡迎光臨城邦讀書花園 網址：www.cite.com.tw
香港發行所／城邦（香港）出版集團有限公司
香港灣仔駱克道 193 號東超商業中心 1 樓
電話：(852) 2508-6231　　傳真：(852) 2578-9337
E-mail : hkcite@biznetvigator.com
馬新發行所／城邦（馬新）出版集團　Cite(M)Sdn. Bhd
41, Jalan Radin Anum, Bandar Baru Sri Petaling,
57000 Kuala Lumpur, Malaysia.
Tel: (603) 90578822 Fax:(603) 90576622 E-mail:cite@cite.com.my

封面設計／木木Lin
內頁排版／邵麗如
印　　刷／高典印刷有限公司

■ 2022 年（民 111）3 月29日初版一刷
■ 2023 年（民 112）11 月20日初版2刷

Printed in Taiwan

售價／340元

城邦讀書花園
www.cite.com.tw

우리는 모두 자살 사별자입니다

ISBN 978-986-5543-80-8

廣	告	回	函
北區郵政管理登記證			
台北廣字第000791號			
郵資已付，免貼郵票			

104台北市民生東路二段141號11樓

英屬蓋曼群島商家庭傳媒股份有限公司

城邦分公司

請沿虛線對折，謝謝！

愛情・生活・心靈

閱讀春光，生命從此神采飛揚

春光出版

書號：OK0139	書名：你值得好好悲傷：我們都是自殺者遺族

請於此處用膠水黏貼

讀者回函卡

謝您購買我們出版的書籍！請費心填寫此回函卡，我們將不定期寄上城邦集最新的出版訊息。亦可掃描QR CODE，填寫電子版回函卡

姓名：________________________________

性別：□男　□女

生日：西元____________年____________月____________日

地址：________________________________

聯絡電話：____________________ 傳真：____________________

E-mail：________________________________

職業：□1.學生 □2.軍公教 □3.服務 □4.金融 □5.製造 □6.資訊

□7.傳播 □8.自由業 □9.農漁牧 □10.家管 □11.退休

□12.其他 ________________________________

您從何種方式得知本書消息？

□1.書店 □2.網路 □3.報紙 □4.雜誌 □5.廣播 □6.電視

□7.親友推薦 □8.其他 ____________________

您通常以何種方式購書？

□1.書店 □2.網路 □3.傳真訂購 □4.郵局劃撥 □5.其他 __________

您喜歡閱讀哪些類別的書籍？

□1.財經商業 □2.自然科學 □3.歷史 □4.法律 □5.文學

□6.休閒旅遊 □7.小說 □8.人物傳記 □9.生活、勵志

□10.其他 ________________________________

請於此處用膠水黏貼